AF311692

A M. F.-A. GEVAERT
Directeur du Conservatoire Royal de Musique
de Bruxelles.

ÉCOLE DE STYLE

LEÇONS MANUSCRITES

DE SOLFÈGE

A CHANGEMENTS DE CLÉS AVEC ACCOMPAGNEMENT DE PIANO

1er LIVRE : *20 Leçons*

Programme des Élèves Chanteurs.

Emploi de cinq Clés :
Clés de Sol, Ut 1re, Ut 3e, Ut 4e et Fa 4e lignes.

2e LIVRE : *20 Leçons*

Programme des Élèves Instrumentistes.

Emploi de sept Clés :
Clés de Sol, Ut 1re, Ut 2e, Ut 3e, Ut 4e, Fa 3e et Fa 4e lignes.

PAR

Henri DUVERNOY

Professeur au Conservatoire de Musique, Officier de l'Instruction Publique.

CHAQUE LIVRE, PRIX : **3** FRANCS NET

Les mêmes, sans Accompagnement (f\ g\ in-8°), chaque Livre,
Prix : **1** *franc net.*

PARIS. ALPHONSE LEDUC, ÉDITEUR
3, rue de Grammont

Tous droits de Traduction réservés.

Propriété réservée pour tous les Pays.

N° 272.

TABLE

PREMIER LIVRE

PROGRAMME DES ÉLÈVES CHANTEURS

EMPLOI DE 5 CLÉS

Clés de Sol 2ᵐᵉ ligne, Ut 1ʳᵉ, 3ᵐᵉ et 4ᵐᵉ lignes, et Fa 4ᵐᵉ ligne.

DEUXIÈME LIVRE

PROGRAMME DES ÉLÈVES INSTRUMENTISTES

EMPLOI DE 7 CLÉS

Clés de Sol 2ᵐᵉ ligne, Ut 1ʳᵉ, 2ᵐᵉ, 3ᵐᵉ et 4ᵐᵉ lignes, Fa 3ᵐᵉ et 4ᵐᵉ lignes.

RAPPORT DES 8 CLÉS
entre elles
UNISSON D'UT

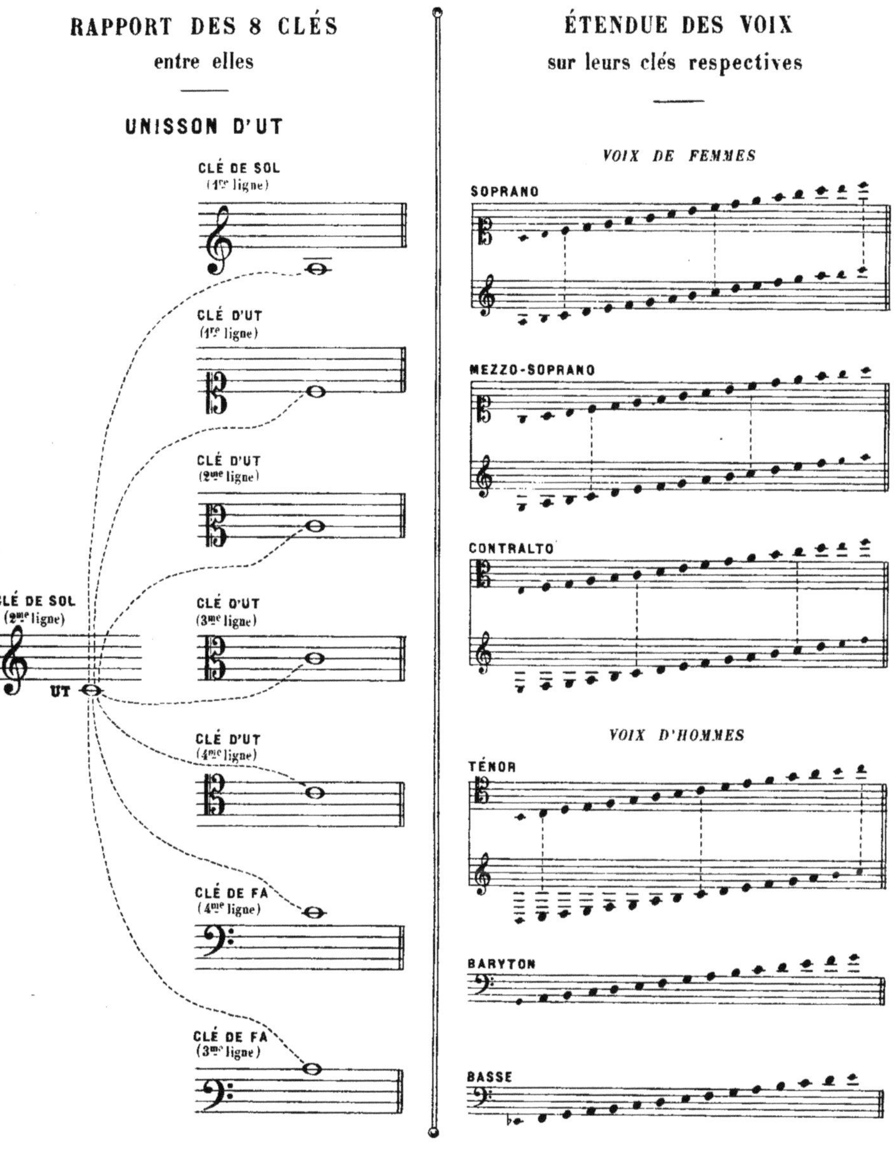

LEÇONS MANUSCRITES
DE SOLFÈGE
A CHANGEMENTS DE CLÉS
Programme des Elèves Instrumentistes

20 LEÇONS avec l'emploi de 7 Clés.

Henri DUVERNOY

rall. assai
a tempo
Ben cantato.
Ben cantato.
Ben cantato.
mf
p
p
p
mf
cresc:
poco a poco
allargando
f
Suivez.

Nº 2
Tempo di Marcia
p
pp

A.L.9308.

Perdendosi
mf
mf
mf
m.f.
m.f.
p
p
p
p
Dim
poco
a
poco.
poco
a
poco

N.º **3**

m.f.
p
p
mf
sf p
p
sfp
f p
m.f.
p
mf
p
poco rit:

N.º 4

Rall.
Rall.
a tempo

N.º 5
Allegro Marziale
A.L.9308.

f
p
f
p
f
f
p
m.f
sf
mf
sf
f
p
f
p
p
p
f
f
p
p
p
f
f
p
f et sec.

N.º **6**

N.º 7
Allegro Risoluto
p
p
crescendo
poco
a poco
Sempre
più
Crescendo
A.L.6308.

f
p
f
p
f
p
f
f
sf
p
Crescendo
sf

f
sf
mf
p
p
mf
p
p
mf
p
mf
pp

N° 8

m.f.
m.f.
mf
p
m.f.
p
rall: assai
A tempo
Suivez le chant.

p
p

rall. molto
m.f.
Suivez.
N° 9
Andante Maëstoso
p
p
p
M.D.
p

p
pp
sf
sf
pp
Sempre p
Allegramente
p
p
mf
p

Rit
a tempo
mf
p
mf
mf
Rit.
p
mf
mf
mf
mf
mf
p
p
p

mf
mf
p
mf
p
sf
Andante Sostenuto
N° 10
p
p
x

Allegro
Ten.
Ten.
A Tempo
dolce leggiero
A Tempo
rall: Assai
Suivez.

Ten.
A tempo

N° 11
Andante Religioso
p e ben Sostenuto
p
a tempo.
pp
PP
Crescendo
poco
a
PP Suivez les nuances du chant.
poco
Diminuendo
e
Rall: assai
(Lunga pausa)
poco

Allegro Con brio
mf p
Ten. p
Ten. p
p
mf p
p
f dim: poco a poco
Ten.
A L.9308.

mf. p
Ten. p
Ten. p
mf. p
mf. p
p
p
mf
p
mf
p
mf

p
mf
p
mf
p
mf
f Risoluto
Ten:
f
Ten.
f
No. 12
andante sostenuto
p
crescendo   poco   a   poco
sf
p e sostenuto.
sf
sf   sf
poco rit:
sf
Poco rit.

Allegro Giocoso
p Con eleganza
p
mf
poco rit:
a tempo
p
cresc:
poco
a
poco

poco rit:
a tempo
Poco rit.
m.f.
a tempo
poco rit :
Rit.
crescendo
poco
a
poco

mf
mf
p
p
mf
p
Rit. assai
Rit.

Nº 13
Andante Sostenuto
p
Allargando
Suivez.
e morendo poco a poco
Allº giocoso
p Con grazia
p

sf
p
p
Rit: abbai
Nᵒ 14
Recitativo
p Ten.
Ten.
Ten.
mesuré
mf Con moto e ben Cantato
Ten.

Stringendo
Cresc:
poco
p
Calmato
a
sf p
sf p
rall:
sf p
Allegretto
p
sf
Con eleganza.
p
A.L.9308.

a tempo
rall:
Suivez.
Allargando
molto
Suivez.

ÉTUDE DE VÉLOCITÉ
Allegretto
Nº 15
p
p Leggiero.
A.L.9308.

mf
p
mf
p
mf
rall: molto
Andante Sostenuto

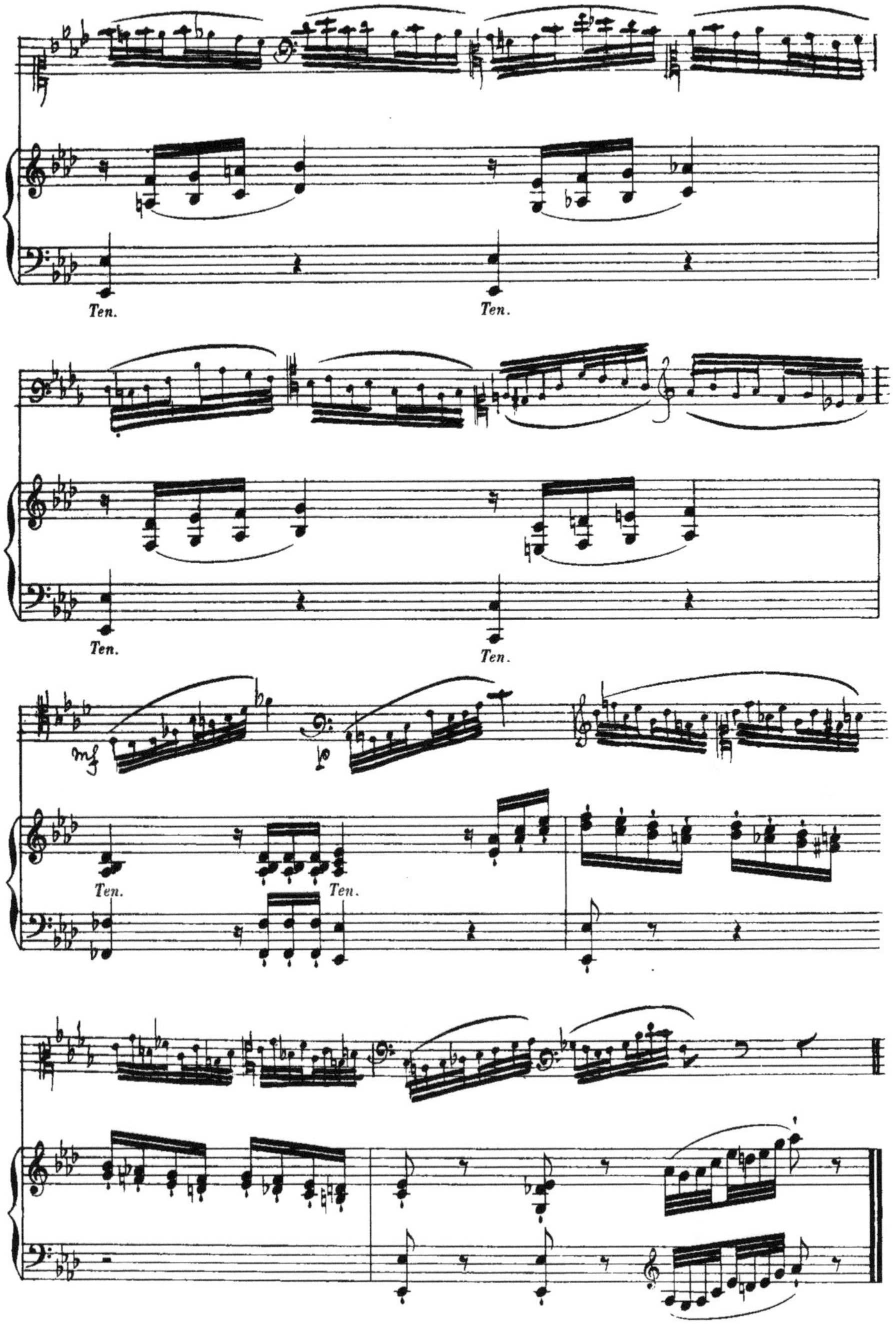
Ten.
Ten.
Ten.
Ten.
mf
Ten.
Ten.

A.L.9308.

p
sf
Ped.
mf
p
mf

p Crescendo poco
a poco
Cresc:
poco
a
poco f
p
f
f
p Leggiero.
A.L.9308.

N.° 17
Andante sostenuto ed espressivo
mf
mf
Con amore
à l'8va au dessus ad libitum
Vibrante
à l'8va au dessus ad libitum
poco Stringendo
A.L.9308.

Rall. molto
a tempo
Allegretto
a tempo
Dolce Grazioso
sf
p
sf
Ten.
A.L. 9308.

poco rit.
Suivez la voix.
A tempo

N° 18
Andante sostenuto
p

Ten.
Ten.
Ten.
f
p
Allegro Marziale
pp

f
p
p
cresc- poco a poco
f
p
A L.9308.

rall: assai
Rall.
pp
Allegro Giocoso
A L.9308.

p
pp
sf
sf
sf
pp
sf
sf
f
p (En Echo)
p
f Sec.
8a
A.L.9308.

Nº 19

cresc -   poco a poco sempre
Dim: poco a poco
f

Ten
mf
mf
Lento
a tempo
p
Lento.
A tempo.
p
fp

FUGUE RÉELLE A UN CONTRE-SUJET
1ère VERSION

Nº **20**

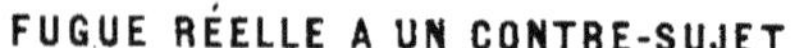

Stretto

p
p
mf
mf
Lento
Lento.

FUGUE RÉELLE A UN CONTRE-SUJET
2ᵐᵉ VERSION

Le texte n'a été modifié dans un fragment du 1ᵉʳ Contre-sujet que jusqu'à la *Stretle*; à partir de la *Stretle,* le texte primitif subsiste dans son entier.

Paris, Imp. X. Chaimbaud et Cie

CATALOGUE SPÉCIAL D'OUVRAGES

POUR

L'ENSEIGNEMENT MUSICAL

SOLFÈGES, EXERCICES, TRAITÉS, DICTIONNAIRE

MÉTHODES & ÉTUDES

Pour le PIANO, tous les INSTRUMENTS et pour le CHANT

PUBLIÉS PAR

Alphonse LEDUC, ✳, O. ʊ, ɴᴄ, Éditeur, 3, rue de Grammont, Paris

Médaille d'Or à l'Exposition Universelle de Paris 1878, pour sa Bibliothèque **l'Enseignement Musical.**

SOLFÈGES

Prix nets

CHANAT frères. **Petit Solfège** ou Manuel musical des enfants, contenant 20 chants religieux et autres, à 1, 2 et 3 voix (f̃ in-16), 3ᵉ éd. **1 50**

LEDUC (Alph.). **Solfège progressif** (f̃ in-8ᵒ), 2ᵉ éd. **1 25**

MÜLLER (L.). **Solfège pratique et théorique** à l'usage des collèges, pensionnats, séminaires, etc., contenant 60 chants, à 1, 2 et 3 voix (f̃ in-16), 10ᵉ édition *(cartonné)* **1 25**
— **Le même Solfège** avec Acc' de Piano (f̃ in-8ᵒ) . **6 »**
 Le même, cartonné . . . . **7 »**

PITARCH (A.). **Petit Solfège des enfants** (f̃ in-8ᵒ). **1 50**

RODOLPHE. **Solfège** complet, nouvelle édition, dans laquelle les leçons trop hautes ont été baissées (f̃ in-16) . . . . **2 »**
— **Le même Solfège** complet, 1 vol. in-8ᵒ . . . **4 »**
 Le même, cartonné. . . . . **5 »**

RODOLPHE. **Solfège complet, à une voix.** (Nouvelle édition revue par J. Arnoud) (f̃ in-16). **2 »**

THÜRNER (A.). **Solfège** ou **Dictées des Rythmes** (f̃ in-8ᵒ). **1 50**

TROJELLI (A.). **Petit Solfège des écoles,** ouvrage approuvé par M. L. de Rillé (f̃ in-16) . . . . **» 50**

VALENTI (A.). **Solfège** pour toutes les voix, dédié aux orphéons, écoles normales, lycées, collèges, etc. Dans ce solfège, la partie supérieure est écrite en clé de Sol, et la partie inférieure est en clé de Fa (f̃ in-16).
 Première partie **1 50**
 Deuxième partie **1 50**
 Les deux parties réunies **2 50**

LEÇONS DE SOLFÈGE

Exercices, Dictées, etc.

ARNOUD (J.). **1.600 Exercices gradués de Lecture et de Dictées musicales.** *Intonation, Rythme, Tonalité,* en deux volumes (f̃ in-16).
 1ʳᵉ Partie, 1.000 Exercices. **1 50**
 2ᵉ Partie, 600 Exercices. **1 50**
 Les deux parties réunies . . . . **3 »**
— **50 Exercices d'ensemble** (f̃ in-8ᵒ). **1 50**
— **145 Leçons de Solfège** à 2 voix égales avec Accomp' de Piano, 1 vol. in-8ᵒ . . . . **7 »**
— **Cent Leçons de Solfège,** à 2 voix égales, sans accompagnement (format in-16). **1 25**

DUVERNOY (H.). **90 Leçons mélodiques de Solfège** sur toutes les clés et les mesures connues, avec Accompagnement de Piano. Ouvrage adopté au Conservatoire National.
 1ᵉʳ Livre : 30 leçons clés de Sol, 2ᵉ et Fa, 4ᵉ lignes. **3 50**
 2ᵉ Livre : 40 leçons clés d'Ut, 1ʳᵉ, 2ᵉ, 3ᵉ et 4ᵉ, Fa 3ᵉ et Sol 1ʳᵉ lignes. **3 50**
 3ᵉ Livre : 20 leçons à changements de clés (Emploi des 8 clés). **3 50**
 Les mêmes, sans Accomp', réunis en 1 recueil (f̃ in-16). **2**
 Chaque livre séparé. . . . . **1 »**
— **Étude complète des Intervalles,** *Mineurs, Majeurs et Justes,* avec Accompagnement de Piano, 1 vol. in-8ᵒ. **2 50**

THÜRNER (A.). **Dictées musicales d'intonation**

Prix nets

(f̃ in-8ᵒ). **1 50**
 Dictées des Rythmes (f̃ in-8ᵒ) **1 50**

RILLÉ (L. de). **Exercices de Chant,** à quatre parties, pour les orphéons et les sociétés chorales (f̃ in-8ᵒ). **1 50**
 Chaque partie. . . . . **» 50**

PLAIN-CHANT

DUVOIS (Ch.). Méthode théorique et pratique de l'**Accompagnement du Plain-Chant,** la plus complète et la plus claire de celles qui ont été écrites jusqu'à ce jour . . . . **5 »**
 La même. Méthode élémentaire (f̃ in-8ᵒ). . . . **1 25**

TRAITÉS

ARNOUD (J.). **Petite Théorie de la Musique,** avec questionnaire . . . . **» 50**

CATEL. **Traité d'Harmonie.** Nouvelle édition, très complète, et conforme à l'édition du Conservatoire (f̃ in-16) . . . . **2 »**

CLODOMIR (P.). **Manuel du Chef-Directeur** *et des Exécutants* ou **Traité théorique et pratique** à l'usage des Musiques de **Fanfare et d'Harmonie.** — Cet ouvrage indispensable traite de chaque instrument, de son étendue, de son emploi, ainsi que de l'*Organisation et de la conduite de toutes les Musiques.* Il contient la figure de tous les instruments employés dans les musiques. 1 vol. (f̃ in-16) . . . . **4 »**

DURAND (E.). **Traité complet d'Harmonie,** 1ᵉʳ volume (f̃ in-8ᵒ). Cet ouvrage est le plus clair et le plus complet qui ait été écrit jusqu'à ce jour. Il est en usage au Conservatoire de Paris et dans ses succursales, ainsi qu'aux Conservatoires de Belgique, de Suisse, etc. . . . . . . **25 »**
— **Réalisations des leçons d'Harmonie,** 2ᵉ vol. (f̃ in-8ᵒ) . . . . **12 »**
— **Traité d'Accompagnement au Piano,** 3ᵉ vol. (f̃ in-8ᵒ). **18 »**
— **Abrégé du Cours d'Harmonie** (f̃ in-8ᵒ) . . . **10 »**
— **Réalisations des Leçons de l'Abrégé** (f̃ in-8ᵒ) **5 »**
— **Théorie Musicale** (f̃ in-8ᵒ). . . . . **7 »**

RICHERT (F.). **Cours théorique et pratique de musique vocale** (4ᵉ édition), contenant un exposé analytique et raisonné des principes de l'art du Chant et un abrégé de la théorie du Plain-Chant. **5 »**
— **Traité élémentaire du Plain-Chant** (f̃ in-8ᵒ). **1 25**

DICTIONNAIRE

SOULLIER. **Dictionnaire complet de musique** (f̃ in-16). **2 50**

Volumes cartonnés (f̃ in-16), en plus, net . . . **» 25**
— (f̃ in-8ᵒ), en plus, net. . . . **» 50**

Pour recevoir franco, envoyer le prix indiqué.

*Vient de paraître la 37ᵉ édition (170.000 exemplaires vendus) de la Célèbre Méthode de Piano d'**Alphonse LEDUC.***

IMPRIMERIE CHAIX, RUE BERGÈRE, 20, PARIS. — 6286-3-95. — (Encre Lorilleux).